DISCOURS

SUR

LA NAISSANCE

DU ROI DE ROME.

DISCOURS

SUR

LA NAISSANCE

DU ROI DE ROME,

PRONONCÉ

DANS LA SÉANCE EXTRAORDINAIRE DE LA LOGE MAÇONNIQUE DES FRERES-UNIS, A L'ORIENT DE PARIS, LE 26 AVRIL 1811.

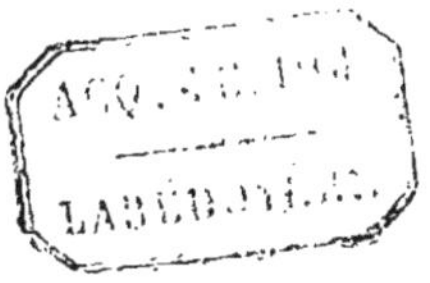

PARIS,

PORTHMANN, IMP^r. ORD^{re}. DE S. A. I. ET R. MADAME, RUE NEUVE-DES-PETITS-CHAMPS, N°. 36.

M. DCCC. XI.

DISCOURS

SUR

LA NAISSANCE

DU ROI DE ROME.

Les fêtes que l'on célèbre en l'honneur des héros, ne sont pas toujours sans quelque mélange de deuil. Quand elles ont pour objet des hauts faits d'armes, le motif en est, sans doute, légitime et brillant ; mais il n'est pas possible que des palmes arrosées de sang, ne le soient aussi de quelques larmes : les malheurs des vaincus suffiraient pour en obtenir de tout ami de l'humanité ; et les calamités du fléau de la guerre n'atteignent - elles pas aussi les vainqueurs ? Il est beau de sortir triomphant de cette arène sanglante, il serait plus heureux de n'y être pas entré ; il est heureux d'avoir des trophées à suspendre aux murs du temple de Jupiter - Capitolin, il est plus beau de fermer le temple de Janus.

A 3

Mais il est des fêtes publiques où l'on peut s'abandonner sans réserve à l'enthousiasme qui les commande, et à l'allégresse qui les accompagne : elles ne retracent que des souvenirs doux et rians ; les mères, et les vierges prochainement promises à l'hyménée, peuvent y prendre part , sans qu'aucun regret se mêle à leurs aimables jeux : des milliers de fêtes domestiques sont, ou le prélude, ou la répétition de la fête générale, et en font le plus bel ornement.

Telle est la fête qui nous réunit pour célébrer la naissance du ROI DE ROME , de l'héritier présomptif de l'Empire français, de NAPOLÉON-FRANÇOIS - CHARLES - JOSEPH , fils aîné de NAPOLÉON Ier. Vous avez voté cette fête par acclamation , vous m'avez chargé d'être l'interprète de vos sentimens sur cet événement mémorable ; j'exécute vos ordres : je dirai ce que l'Empire français, ce que l'Europe et le monde entier ont droit de s'en promettre.

Je vous épargne les formules rebattues de modestie oratoire: l'incommensurable grandeur du sujet laisse les plus brillans orateurs dans l'impuissance de l'égaler. Mais gardons-nous du moins de le profaner par la manière de le traiter. Loin ces allusions empruntées du sacré comme du profane, et dans lesquelles les convenances et le goût sont également blessés. Dans tout ce qui se rattache au Grand Homme dont nous avons à parler, la vérité, la simple vérité historique est si voisine du merveilleux, j'ai presque dit de l'incroyable, qu'on est impardonnable de recourir à a fiction. Qu'on flatte, j'y consens, ces simulacres de héros, qui n'ont d'autre éclat que celui de la couronne qu'ils portent ; mais le vrai Héros ! mais NAPO-LÉON ! que tout soit vrai dans son éloge, comme tout l'est dans sa vie, comme tout y est grand, comme tout y est beau, dans le Guerrier, dans le Monarque, dans le Héros.

QUOIQUE la première vertu du héros soit, en quelque sorte, l'abnégation de soi-même, il y aurait de l'injustice et de l'ingratitude à le dévouer tellement au bonheur d'autrui, que toute prétention au bonheur personnel lui fût interdite. Sans doute, le plus grand de tous les bonheurs est de faire des heureux, et il est difficile de ne pas l'être soi même, quand on jouit de celui-là ; mais la félicité publique serait incomplète, si celui de qui elle émane était privé de la félicité domestique dont la première se compose, et qui fait le bonheur de la vie. Le trône n'affranchit pas des misères, appanage inévitable de l'humanité : ceux qui y sont assis sont des Dieux, mais ils meurent comme des hommes. Malheureux les souverains qui ne tiendraient à la nature que par ces tristes rapports ! Heureux ceux à qui les relations aimables d'époux et de père, ces nœuds sacrés de la vie sociale, ne sont point étrangers ! Sans doute la réunion de tous ces avantages, nommons-les par leur nom, de toutes ces vertus domestiques et privées, ne suffit pas pour faire un grand Roi ; mais elle est nécessaire pour faire un Roi heureux sur le trône ; et si, en dépit de l'expression populaire, *heureux comme un Roi*, il est tant de Rois qui ne le sont pas, c'est que, par leur faute ou par celle des circonstances, leur ame est étrangère aux douces émotions, aux inclinations généreuses, qui naissent des rapports chéris dont je parle.

Jusqu'à présent, que manquait-il à la gloire de l'Empereur ? J'en atteste la France, et l'Europe et le globe entier, dont il n'est aucune partie où la renommée n'ait porté son nom. A la tête de ses armées, quel ennemi ne connut en lui son vainqueur ? A la tête de ses conseils, quel génie ne s'abaissa devant le sien ? Quel Roi fut plus habile à concevoir ses plans, plus constant à les suivre, plus heureux à les exécuter? Devant quelle volonté vit-on jamais les obstacles fléchir comme devant la sienne? Dans quelle tête se réunirent plus éminemment, malgré leur prétendue insociabilité, l'esprit de détail et la conception de l'ensemble? Qui fut jamais mieux servi par les hommes qu'il employa? Qui sut mieux les éclairer, leur imprimer sa propre énergie? Son Empire est vaste, son génie est plus vaste encore. Tel que la Déesse dont il occupe les cent voix, sa puissance s'accroît à mesure qu'il avance.

Mais si rien ne manque à la gloire de NAPOLÉON, quelque chose manquait à son bonheur; et la nature, si avare de ses pareils, après l'avoir traité, d'une part, avec une prédilection de mère, n'a pas voulu se laisser accuser de traiter, de l'autre, le Héros en marâtre. NAPOLÉON est devenu père : le premier fruit d'un hymen formé sous les plus brillans auspices, a été un héritier de son nom et de son trône; la naissance du Roi de Rome a comblé le bonheur et les vœux de l'Empereur et de l'Empire; elle resserre les nœuds réciproques qui unissent l'Empereur à l'Empire, et l'Empire à l'Empereur.

Quand tous ceux qui ont traité du gouvernement des Etats, ont voulu exprimer une administration bienfaisante et chérie, ils l'ont désignée sous la qualification d'administration paternelle. Cette belle expression ne laisse rien à désirer.

Quelle différence, en effet, entre le mercenaire exploitant à son profit la propriété d'autrui, sans droit et sans espoir de la transmettre à ses enfans, et le père laborieux et tendre, qui, dans le domaine qu'il cultive, voit le fils chéri qu'il doit en laisser maître un jour, comme d'un présent de sa tendresse, suivant la touchante étymologie du nom de *patrimoine* !

Telle fut, dès le commencement de son règne, la noble pensée de l'Empereur. Fonder une dynastie dont il fût à la fois le chef et le modèle, et qui surpassât en durée autant qu'elle les surpasserait en gloire toutes celles qui l'auraient précédée, ce fut l'ambition favorite du Héros. Les plus brillans moyens d'exécution se réunirent dès le principe autour de sa personne ; sa famille collatérale était nombreuse ; il l'avait accrue par des alliances, étendue par de généreuses adoptions. L'ensemble de ses opérations et de son système politique prouve assez qu'il en pressentait la propagation à travers les siècles, et que ses regards perçans embrassaient l'avenir le plus reculé. On ne travaille pas comme lui , quand on n'a que ses contemporains en vue , et que le cercle de nos idées se mesure à celui de notre existence personnelle.

Le ciel qui prit toujours plaisir à seconder notre Héros , vient confirmer ce noble pressentiment, en lui donnant un fils , un héritier direct de son sang , en faisant naître de lui le Roi de Rome. La paternité réveille dans tous les êtres une énergie jusqu'alors inconnue ; elle ouvre à leurs yeux un nouvel ordre de choses, et devant eux une nouvelle carrière à fournir. Que serait une société qui n'aurait que de tristes et malheureux couples sans famille, des époux et point de pères , des épouses et point de mères ? Ce serait une terre sans rosée et sans soleil. Sa dissolution morale devancerait l'époque de sa dissolution physique.

Heureux les Etats où la fécondité de l'hymen, récompense d'une adolescence amie des mœurs, d'un amour vertueux, et de la douceur du gouvernement, impose de bonne heure à l'époux la dignité de père . et celle de mère à la jeune épouse ! Quel charme autour du premier berceau d'un ménage ! Qu'il est puissant cet être si frêle, près de qui les peines se changent en plaisirs , les soucis en jouissances, les espérances , en bonheur ! Heureux, encore un coup , les Etats dont la population se compte par familles , dont chaque chef a le bonheur d'être père ! Plus heureux les Etats dont le chef a le même bonheur , dont le souverain est père , et fonde sur ce beau titre , le titre encore plus beau de père de l'Etat, de père de la Patrie ! Honneur à celui qui , le premier , se représenta l'Etat sous l'image d'une famille, et le souverain sous celle d'un père ! O vous , tant loués , Rois de tous les tems , jamais vous ne reçutes une plus belle louange, et , si elle fut méritée , jamais vous ne fûtes plus grands !

Soyons vrais : le beau nom, le nom vraiment royal de père de la Patrie , serait moins rare , pour le bonheur de l'humanité , si , pour qu'un Roi le méritât, il suffisait qu'il fût père. Mais il faut dire qu'un Roi père a un puissant motif de plus d'être aussi le père de ses sujets, et que les peuples trouvent dans la paternité domestique du souverain , un nouveau garant de sa paternité politique. Soit que l'heureuse habitude des vertus douces que font contracter les relations de père et de fils , dispose puissamment le cœur du maître à y faire participer ses sujets ; soit que le contraste des hautes destinées réservées aux enfans des Rois, avec la faiblesse qui environne leur berceau , comme celui de tous les autres enfans , fasse plus vivement sentir au cœur d'un père la nécessité de ne pas abuser de son autorité envers des hommes , dont la situation offre précisément le contraste in-verse ; soit , enfin , qu'un Roi père s'étudie , par tendresse pour son fils , à améliorer son héritage , et à lui laisser un royaume florissant et des sujets heureux...... ; sentiment , raison , intérêt , que tous ces motifs agissent à la fois ou séparément sur un cœur noble et généreux , il est impossible de ne pas s'en promettre un heureux résultat dans le gouvernement du Mo-narque qui éprouve leur influence , et qui ne l'éprouve que parce qu'il est père.

Si ce beau titre , le premier de tous dans la société naturelle et dans l'organisation sociale , dont la première est le modèle , attache plus étroitement l'Empereur à l'Empire ; il attache plus étroitement aussi l'Empire à l'Empereur. L'un est la conséquence nécessaire de l'autre. Nous aimons qui nous aime ; nous voulons du bien à qui nous en fait : mais cette disposition si naturelle reçoit un nouveau degré d'exalta-tion , quand elle est provoquée par des êtres placés dans une sphère élevée , et surtout dans la première de l'ordre social. Tout est remar-

qué , tout compte de leur part ; une douce
parole , un geste de bonté , le moindre trait de
bienveillance , choses dont on s'apercevrait à
peine dans un égal, sont relevés dans le Prince ,
racontés avec complaisance, précieusement re-
tenus , et avec le cœur de celui qui en fut l'objet,
lui gagnent les cœurs de tous ceux à qui en par-
vient la connaissance. Rois de la terre , on dit
que parfois vous faites dès ingrats : ce n'est
jamais que parmi vos favoris, et j'aime à croire
qu'ils y sont rares : voulez-vous n'avoir à craindre rien de pareil ? n'ayez jamais d'autre favori
que votre peuple. Celui-là vous payera sa dette
au centuple ; il vous aime non-seulement pour
le bien que vous lui faites , mais pour celui
que vous voulez , que vous voudriez lui faire ;
il aime à vous aimer ; et quand vous le rendez
heureux, il l'est doublement de l'être par vous.
Puissiez-vous essayer de ce genre de gloire !
Vous êtes à nos yeux des images de la Divi-
nité ; voilà le plus beau trait de conformité que
vous puissiez avoir avec elle.

Le titre le plus propre à rapprocher les
sujets du Souverain , à le leur rendre cher, à
les lui dévouer , c'est le titre de Père. Il semble
que ce beau nom met plus à notre portée le

Héros couronné qui le porte. En effet, qu'a
de commun avec nous NAPOLÉON, conce-
vant et exécutant une nouvelle constitution
politique de l'Europe, doublant le territoire
de son Empire, ennoblissant les palmes de la
guerre par les monumens de la paix, et cou-
ronnant les travaux de la paix des lauriers de
la victoire ? Le Favori du Dieu des batailles,

delui par qui les Rois règnent, l'Homme de
génie, le Héros, le grand Homme, qu'avons-
nous de commun avec lui ? Mais il est Père, et
nous aussi nous le sommes : chacun de nous se
dit avec une secrète complaisance : je suis
père aussi ! Une épouse adorée, en doublant
mon existence, a doublé ses droits sur mon
cœur ; je fus présent à son enfantement, mon
ame ressentit ses étreintes douloureuses : autant en fait NAPOLÉON ; il sourit à son fils,
il se mêle à ses jeux. Notre bon, notre grand
HENRI ne rougissait pas d'être pris sur le fait
de ces ébats paternels ; si vous êtes père, di-
sait-il, je suis excusé ; t'excuser, ô grand Roi !
ce n'est pas ce que te devaient les témoins de
cette aimable scène ; ils devaient t'admirer,
t'adorer ; NAPOLÉON la renouvellera : eh
bien ! nous l'avons donnée aussi, nous la don-
nerons encore. Voilà ce que se dit chaque père

de famille ; et dans cette heureuse effusion d'un cœur paternel, d'un cœur vraiment Français, peu s'en faut qu'il ne sente en lui-même quelque chose d'héroïque, quelque chose d'impérial, soit par un juste orgueil de voir ses vertus paternelles partagées par l'Empereur, soit par une noble ambition de marcher sur les traces de l'Empereur dans l'accomplissement de ses devoirs de père.

Heureux Enfant ! gage précieux d'un hymen formé sous les auspices de la victoire et de la paix ! que l'Ange de la France veille sur toi. Par toi l'Empire est plus étroitement uni à l'Empereur, et l'Empereur à l'Empire : voilà les avantages inappréciables que le Peuple Français est en droit de se promettre de ta naissance. Mais quelque reculées que soient les limites de l'Empire, par les travaux du Héros à qui tu dois le jour, ton heureuse influence les franchit et embrasse l'Europe et le monde entier.

Deux choses contribuent essentiellement à la prospérité des Etats et à leur prépondérance dans la balance politique, la population et la civilisation : l'étendue territoriale n'y influe que

que d'une manière indirecte , parce qu'elle n'est pas en rapport nécessaire avec la population ; il est possible qu'un territoire resserré porte une population qui lui soit disproportionnée; il est plus commun qu'une population chétive soit disséminée sur un territoire immense : dans l'alternative, l'option n'est pas difficile ; le territoire n'est rien sans les hommes qui le couvrent ; s'il est vrai , en droit public , que ce sont les peuples qui font les Rois , il l'est encore plus que les peuples font les Royaumes ; et l'on a peine à comprendre que la préférence accordée au titre de *Roi des Français* sur celui de *Roi de France*, ait pu trouver des contradicteurs.

La civilisation est à la population dans un Etat, ce que l'ame est au corps dans l'homme, le principe de la pensée, de l'action, de la vie ; elle seule révèle à la population le secret de sa force , lui donne une bonne direction , en obtient les meilleurs résultats ; elle seule , combinée avec la population , forme les grandes nations ; grandes dans la paix comme dans la guerre , respectées de leurs voisins , et leurs arbitres irrécusables.

Gardez-vous de croire que , par civilisation , j'entende ici cet art frivole qui polit les surfaces et en efface l'empreinte, on ne polit qu'en usant; cet art qui, en arrondissant les formes, émousse les ames et effémine les individus. La civilisation dont je parle, consiste dans la culture des sciences et des arts, dans leur application aux besoins de la société, soit par de nouvelles découvertes, soit par le perfectionnement des anciennes. Si elle dédaigne les dehors apprêtés de ces êtres mixtes, qui semblent mitoyens entre l'être en qui la parole est le signe de la pensée et celui en qui la parole n'est le signe de rien, elle ne se laisse pas non plus imposer par les dehors incultes et les formes heurtées du Vandalisme : sous l'uniforme bizarre et l'armure terrifiante d'un Scandinave ou d'un Tartare, se cache souvent un homme sans cœur, et ce n'est pas le manteau qui fait le philosophe.

La civilisation étant ainsi définie, il est permis de conclure qu'un Etat sera d'autant plus prépondérant, que sa population sera plus considérable et sa civilisation plus avancée. Les accroissemens de territoire qu'un Héros obtient par ses conquêtes ou par ses traités, ne sont un moyen de grandeur et de prospérité pour les Etats, qu'autant que l'accroissement de population et le degré de civilisation s'y trouvent réunis : la première sans la seconde serait aussi à charge que l'excès du territoire sans la première ; dans l'un et l'autre cas, la force politique éprouverait une perte énorme, tantôt par des subdivisions disproportionnées en nombre à son intensité, tantôt par le défaut radical de cette intensité même, qui se mesure moins au nombre d'hommes qu'à leur espèce : soixante mille Grecs, commandés par Alexandre, étaient incomparablement plus forts que six cent mille esclaves d'Asie conduits par le Roi de Perse.

Vous pressentez l'application de ces principes que je crois incontestables. Si la prépondérance d'un Etat est en raison composée de sa population et de sa civilisation, qui pourrait contester cet avantage à l'Europe sur les autres parties du Globe, et à l'Empire français sur les autres Etats de l'Europe ?

Parmi ces derniers, où est celui qui oserait le disputer à la France actuelle, à la France de NAPOLÉON, en étendue territoriale combinée avec la population ? Où est celui que la nature ait favorisé d'un sol plus fertile et d'un ciel plus heureux ? Qu'elle arrose de plus beaux fleuves, depuis l'Elbe jusqu'au Tibre, et depuis l'Ebre jusqu'aux bouches de l'Escaut ?

Qu'elle ait environné d'une plus grande étendue de côtes maritimes , depuis Hambourg jusqu'à Bilbao, et depuis Barcelonne jusqu'aux Isles Ioniennes ? Où est celui qui ait porté plus loin les progrès de la civilisation ? Quelle est la nation de l'Europe à qui la grande Nation ne serve pas de modèle dans les sciences et dans les arts, dans les idées libérales et même dans les formes extérieures? Où est le peuple plus aimable et plus brave, plus intrépide et plus doux? dont la langue ait obtenu ce beau privilége de l'*universalité* que les chefs-d'œuvre de nos écrivains avaient assurée à la nôtre, avant même que l'éloquence de nos négociateurs et les armes de nos braves l'eussent commandée? Heureux peuple, à qui, pour être le plus heureux de l'Europe, comme il en est le plus grand, il ne manque que de connaître son bonheur, et d'échanger une vanité personnelle, toujours déplacée, et qui n'est bonne à rien, contre l'orgueil national le plus légitime, source de belles actions et de brillans succès !

Voilà, Royal Enfant qui viens de naître, l'héritage qui t'est promis; voilà le patrimoine augmenté, embelli par le génie de ton Père, que sa tendresse te réserve ! Puisses-tu, quand les premiers rayons de la raison viendront luire à ton intelligence, t'applaudir d'exister pour faire le bonheur de ce magnifique héritage, comme il existe pour faire ta gloire ! Et marchant sur les traces de l'auteur de tes jours, puisses-tu te montrer aussi fidèle à tes devoirs envers la nation généreuse sur qui tu es appelé à régner, qu'elle ne cessera de l'être aux siens envers toi !

Il est difficile de ne pas s'écarter de l'ordre didactique des idées, quand le cœur est entraîné par le sujet qu'on traite : pardonnez un élan que vous partagez, et reprenons le fil du discours.

Puisque l'Empire français est prépondérant dans le système politique de l'Europe, la naissance du Roi de Rome ne peut avoir des résultats aussi importans pour la prospérité de l'Empire, sans que l'Europe entière en éprouve aussi l'heureuse influence.

Loin les doutes que pourraient élever, et les objections que pourraient fournir, contre cette conséquence, les passions des Gouvernemens, et l'esprit qui les anime. Il n'est que trop vrai que le trône n'en affranchit pas ceux qui y sont assis, et que leur puissance ne fait que prêter à leurs passions une plus redoutable énergie et une influence plus pernicieuse. Il n'est que trop

vrai qu'il est un égoïsme des Gouvernemens,
comme il en est un des individus. Tel est le
code politique de cés insulaires si vantés, dont
la puissance repose sur le monopole, sur le
mépris de la foi des traités, l'abandon de leurs
alliés, la flétrissure des autres nations : on y
compterait plus d'un Thémistocle qui propo-
serait, de sang-froid, de brûler la flotte des
villes alliées ; y trouverait-on un Aristide qui
écartât ce projet infame ? Nation turbulente
au-dedans, odieuse au-dehors, *sibi molesta
aliis odiosissima* (*).

Quelque jugement que puissent dicter sur le
systême politique de l'Empereur, la passion,
l'ignorance ou l'esprit de parti, sources fé-
condes d'erreurs dans tous les tems, et plus
encore à l'issue des grandes révolutions, il
demeurera constant, et parmi les contemporains impartiaux, et dans l'équitable postérité,
que ce systême ne repose pas sur les bases per-
fides de l'égoïsme politique. Le Héros qui,
s'il ne combattit jamais que pour vaincre, ne
vainquit jamais que pour cesser de combattre,
et dont le cœur ne médita que la paix, tandis
que son bras préparait la guerre, et sa tête la

(*) Phèdre.

victoire, ne sera pas accusé d'avoir sacrifié le repos de l'Europe aux conseils d'une ambition effrénée. Il eut pour but d'affranchir le commerce d'un monopole insolent, et les mers de leurs chaînes ; et nos neveux ne sauront ce qu'ils devront le plus admirer, ou de la grandeur du dessein, ou de l'imperturbable constance avec laquelle il en suivit l'exécution, dans une lutte que les conjonctures pouvaient prolonger, mais que rien ne pouvait rendre incertaine. Ainsi, parmi le grand nombre de sectes à qui Dieu, l'objet commun de leurs adorations, laisse habiter les mêmes contrées, s'il s'en trouvait une intolérante par système, qui, se croyant la fille exclusive de l'Éternel, dévouât toutes les autres au mépris et à la persécution, c'est à bon droit qu'on les verrait toutes se réunir contre elle ; et lorsque l'orgueilleuse aurait le front de réclamer pour elle-même une vertu dont ses ennemies font un dogme, on lui répondrait victorieusement, que méconnaître les devoirs que la tolérance impose, c'est déchoir des droits qu'elle donne.

Quand nous n'aurions pas les paroles et la conduite de l'Empereur, son génie et son ame, ses alliances et ses travaux, pour garans de son héroïque projet d'établir la paix de l'Europe sur des bases durables, et de faire concourir à la prospérité commune celle de ses propres Etats ; l'heureux événement de la Naissance du Roi de Rome suffirait pour nous le garantir. En effet, si la Naissance d'un Fils n'éteint pas dans le cœur d'un Père les affections qui se le partagèrent jusqu'à ce moment, elle les épure, elle leur imprime une direction différente, un mouvement plus mesuré : et comme la consolante espérance de revivre dans son Fils, prolonge, en quelque sorte, dans la pensée d'un Roi père, la durée de son propre règne, elle tempère les projets d'une ame ardente, en lui ouvrant la perspective du tems nécessaire pour les exécuter, après les avoir mûris ; elle le préserve du danger d'user ses jouissances, en les hâtant ; elle identifie, pour l'honneur de la raison humaine, l'idée de grandeur avec l'idée de bonté ; et pour le bonheur du monde, elle fait d'un grand Roi un bon Roi, bon sans cesser d'être grand, et grand sans cesser d'être bon.

Une des plus sublimes conceptions dans l'art du Gouvernement, une de ces grandes idées qui ont tout à la fois leur fondement dans la morale publique, dans la politique et dans les beaux arts, c'est d'avoir introduit dans la théorie de cet art difficile, l'unité, ce prototype généralement reconnu du beau dans tous les genres. Que pourrait-on y opposer de plausible ? La diversité des usages et des mœurs ? Entre les mains d'un Gouvernement sage et ferme, et surtout paternel, elle plie sous le joug inaperçu de la loi, qui n'est autre que celui de la raison. Les mœurs et les lois se prêtent une aide réciproque : les bonnes mœurs inspirent les bonnes lois qu'elles suppléeraient au besoin : les bonnes lois redressent les mœurs et les perfectionnent ; elles servent de barrière aux usurpations des passions, de sauvegardes et de vengeresses à la sureté publique. Je parle des lois à l'exécution desquelles un gouvernement vigilant tient la main ; car l'écueil le plus infaillible, comme le plus dangereux en ce genre, serait l'inobservation des lois existantes, ou ignorée, ou tolérée, ou autorisée par des exceptions odieuses ; il eût mieux valu ne pas faire des lois.

Quel est le gouvernement qui a le moins à redouter ce fléau ? C'est celui dont le chef gouverne par lui-même. On a dit que le moment où un Monarque se donne un premier Ministre, est celui de son abdication. Les

Ministres d'un Roi, d'un vrai Roi, ne sont que les exécuteurs respectés et respectables de ses volontés , et ne doivent pas être autre chose : il met dans les mains de chacun d'eux un des fils de l'administration publique , mais il en tient toutes les extrémités dans sa propre main , pour s'apercevoir , au moment , du degré de tension ou de relâchement , de roideur ou de flexibilité de chacun d'eux. Les flatteurs ont imaginé sur ce point une dialectique dont ils savent bien recueillir le fruit au détriment de l'Etat : ils font honneur au maître de tout ce qui se fait de grand et de bon , et cela est juste ; mais cela ne l'est qu'autant que le blâme du contraire retomberait aussi sur lui : blâmer le Monarque ! Qui l'oserait ? Sans doute il est bien que personne ne l'ose : mais à défaut de paroles , encore plus difficiles par la mesure qu'il faudrait y mettre , que dangereuses par l'intention qu'on pourrait leur prêter , la vérité s'est réservé auprès des Rois un censeur moins hasardeux et non moins éloquent , c'est le silence ; on blâme les Rois de tout ce dont on ne les loue pas : la flatterie au contraire charge le ministre , et croit avoir absous le maître , en disant que sa religion a été surprise : heureux le Roi qui ne se croit pas

absons pour cela, et qui entend la voix secrète de la conscience lui demander, qui ab-
soudra sa religion de s'être laissé surprendre !

Si nous faisons au Gouvernement de l'Empereur l'application de ces principes fonda-
mentaux du bonheur des Etats, nous convien-
drons qu'il mérite tous les éloges, et qu'il
promet les résultats les plus avantageux. Des
censeurs dont la vue ne passe pas les étroites
limites du présent, ne sont frappés, dans les
grandes innovations dont ils sont témoins, que
des inconvéniens inévitables du moment, soit
que leur organe trop faible ne porte pas plus
loin, soit que d'aveugles préventions et une
mauvaise foi haineuse leur interdisent de con-
venir de ce qu'ils sont forcés de voir. Mais
l'unité de principes et de système, mais la
constance à les suivre et à leur coordonner les
événemens les plus inopinés, mais l'invariable
habitude de gouverner par lui-même, de ne
pas remettre les rênes de l'Etat aux mains d'un
Ministre, de ne pas en abandonner les destinées à l'influence dévorante d'un favori, de
l'un ou de l'autre sexe....... Ces traits caracté-
ristiques du Gouvernement de NAPOLÉON
seront toujours aux yeux d'un contemporain
impartial, comme à ceux de la postérité, les

garans infaillibles de la prospérité de la France, du repos de l'Europe et du bonheur du monde.

Ces traits et ces principes feront partie de l'héritage que l'Empereur des Français laissera au Roi de Rome. Précieuse moitié de la succession la plus magnifique! L'heureux héritier l'aura recueillie avant le jour, que les vœux de l'Empire et les siens éloigneront, où il entrera en possession de l'autre moitié. C'est d'après ce système que NAPOLÉON dirigera l'éducation de son héritier présomptif. Que les premiers maîtres dans tous les genres soient honorés du choix du père pour l'instruction du fils; nul autre qu'un tel père n'enseignera à un tel fils l'art de régner ; nul autre ne le formera pour la guerre comme pour la paix ; ne lui transmettra, comme par infusion, cette passion des grandes ames, cette vertu des héros, l'amour de la gloire et le discernement de la vraie d'avec la fausse ; nul autre ne lui apprendra à gouverner par lui-même, à craindre la flatterie, à se méfier des flatteurs, à n'avoir d'autres favoris que ses peuples, à faire le bonheur de la France, de l'Europe et du monde.

Heureux enfant! lorsque l'œil du sage s'arrêtant sur ton berceau, compare ton état présent avec tes destinées futures, il ne peut se défendre d'un saisissement religieux, et sa pensée s'élève, comme malgré lui, à un ordre de choses au-dessus de l'humanité. Cette voix, dont les accens plaintifs se font entendre à peine, retentira un jour dans toute l'Europe, et s'y fera respecter! Cette volonté, dont le germe est couvert de tant d'enveloppes, régira un jour les volontés de plusieurs millions d'hommes! Cet être, dont tout atteste aujourd'hui l'impuissance, sera un jour revêtu d'une puissance telle que les annales du monde n'en offrent pas de pareille! Mais tu croîtras, et avec tes forces physiques se développeront les germes du caractère, du génie et de l'héroïsme qui te furent transmis avec le sang qui coule dans tes veines. Grandis, enfant chéri, pour accomplir tes destinées, vérifier ton horoscope, et combler tous nos vœux! Grandis pour la gloire de ton père, pour la félicité de ta mère, pour la prospérité de la France, pour le bonheur de l'Europe! Le second mois de ta frêle existence est à peine commencé, et déjà nous nous représentons le moment où nous verrons en toi, avec ravissement, un adolescent, fils de héros, attentif aux leçons

de son père, lisant dans les exemples paternels
ses propres devoirs, marchant sur ses traces,
ambitionnant de l'égaler, si le surpasser est au-
dessus des efforts de l'humanité. Pourquoi
faut-il que les enfans des héros éprouvent dans
leurs développemens les mêmes lenteurs aux-
quelles la nature assujettit tous les autres?
Mais cette mère commune qui a tant fait pour
toi, en te faisant naître du plus grand homme
qu'elle ait jamais produit, dédommagera l'enfant de l'Empire français de cette loi, dont
rien ne saurait affranchir, en le dotant de
tous les moyens d'égaler un jour le père qu'elle
lui a donné. Veille sur eux, grand Dieu! con-
serve-les l'un pour l'autre, et l'un et l'autre
pour nous! Rends le père heureux par son
fils, rends le fils grand par son père, rends la
Nation Française heureuse et grande par tous
les deux!

P. L.

9 782019 663582